Annette Neubauer

YAKARI
Der fliegende Bär

Ravensburger Buchverlag

Bibliografische Information der Deutschen Nationalbibliothek:

Die Deutsche Nationalbibliothek verzeichnet diese Publikation
in der Deutschen Nationalbibliografie.
Detaillierte bibliografische Daten sind im Internet
über http://dnb.d-nb.de abrufbar.

FSC
www.fsc.org
MIX
Papier aus verantwortungsvollen Quellen
FSC® C114500

1 2 3 4   D C B A

Originalausgabe

Yakari TV Serie realisiert von Xavier Giacometti
nach der Geschichte « Der fliegende Bär »
von Stéphane Melchior

Producing: Weiß-Freiburg GmbH – Graphik & Buchgestaltung

Printed in Germany
ISBN 978-3-473-49139-1
www.ravensburger.de

Inhalt

Honigtaus Traum

 ist mit  im .

Die beiden beobachten .

 steht hoch oben auf einem .

Neben ihm sitzt ein .

„Breite zuerst deine  weit aus

und dann spring!“, sagt das .

„Mach das nicht, !

Das ist zu gefährlich“, ruft  ihm zu.

Aber  hört nicht auf .

Er breitet die  aus und springt.

„Ich kann fliegen!“, ruft 

und stürzt geradewegs nach unten.

Doch bevor er unsanft landet,

fängt  ihn auf.

Die beiden purzeln über den 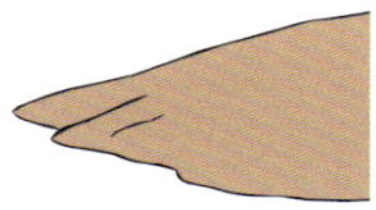 .

 und  rappeln sich

schnell wieder auf.

„Habt ihr das gerade gesehen?

Ich kann fliegen!“, ruft  glücklich.

„Du bist vom  gefallen wie ein .

 konnte dich gerade noch fangen“,

sagt .

Jetzt gleitet das  vom 

und stellt sich zu den Freunden.

„Mit ein bisschen mehr Übung

kannst du sicher bald fliegen“,

sagt das  zu .

„Wie kannst du  zu so einem

Unsinn ermutigen?“, ruft  entrüstet.

„Ich habe das  gebeten,

mir das Fliegen beizubringen“,

gesteht  kleinlaut.

„Und  hat mir als Belohnung

frischen, süßen  angeboten.

Da konnte ich nicht widerstehen“,

fügt das  hinzu.

„  sind nicht zum Fliegen geschaffen.

Das wisst ihr doch“, sagt  streng

zu  und dem .

Doch  schaut sehnsuchtsvoll nach

oben und beobachtet einige ,

die elegant am  fliegen.

„Ach, wäre ich doch nur ein “,

seufzt .

Von Wolke zu Wolke

„Um zu fliegen wie ein 

fehlen dir vor allem  “, erklärt  .

„  haben auch keine 

und können trotzdem gut fliegen“,

entgegnet  .

„Es heißt zwar wirklich ,

aber ein  fliegt nicht, sondern

es gleitet durch die Luft“, erklärt .

„Von  zu  gleiten! Nichts

wünsche ich mir mehr“, sagt .

„Wenn ich mit  galoppiere,

ist es fast wie fliegen“, sagt .

„Ach, wirklich?“, fragt  und staunt.

„Naja, es ist nicht dasselbe, aber auch

nicht so gefährlich!“, antwortet .

Ich würde auch so gerne mal

auf  reiten“, sagt  .

„Dann los!“, antwortet 

und springt schwungvoll auf  .

 klettert hinterher und

kurz darauf reiten sie zu dritt

hinauf in die  .

Der  ist schmal und steil.

 sitzt hinter  und hält sich fest.

In den Bergen

„Bitte, jetzt will ich mal vorne sitzen“,

ruft  aufgeregt und klettert

auf den  von .

„Aua! Vorsichtig, du kratzt mich

mit deinen “, ruft .

Doch  klettert einfach weiter.

Schon sitzt er auf den  von  .

Jetzt breitet er seine  aus.

„Lauf schneller! Flieg,  !“,

ruft  lachend.

„Komm wieder runter,  !

Sonst fällst du noch hin!“, ruft  .

Auf einmal kreuzt die Mutter von 

den  und bleibt stehen.

 stoppt so plötzlich,

dass  weit über den  von

 fliegt. Gerade noch rechtzeitig

packt ihn die  an den  .

 hängt kopfunter über einem 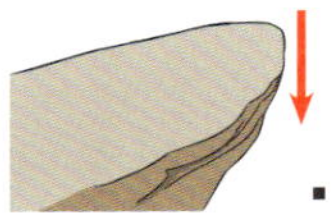 .

Aber  fürchtet sich kein bisschen.

„Guck mal, wie ich fliege“, ruft 

der  zu.

„Ich finde das gar nicht lustig!

Du hättest dir sehr wehtun können“,

sagt die . Sie zieht  hoch

und stellt ihn wieder auf die .

Yakari hat eine Idee

Die  stellt sich vor  .

„Wenn ich euch nicht vertrauen kann,

spielt ihr nie mehr miteinander“,

sagt die  streng.

„Verzeih uns bitte. Glaub mir,

wir machen das nie wieder“,

antwortet  betrübt.

„Ich passe besser auf  auf!

Das verspreche ich dir.“

Die  dreht sich zu  und fragt:

„Hast du etwa unseren  geklaut?“

„Den  habe ich dem  gegeben,

damit es mir beibringt zu fliegen“,

antwortet  kleinlaut und

schaut die  mit großen  an.

„  fliegen einfach nicht.

Merk dir das endlich! Und jetzt:

Ab mit dir nach Hause“,

antwortet die 

und geht los.

 und  schauen den beiden

nachdenklich hinterher.

„ fühlt sich bestimmt allein!

Niemand glaubt an seinen Traum.

Dabei will er nichts lieber als fliegen“,

sagt  zu .

Doch plötzlich hat  eine Idee!

Eine große Überraschung

 reitet auf  zurück ins .

Dort trabt  zur ,

um frisches  zu fressen.

 setzt sich neben ihn.

Er schnitzt an einem .

Neugierig schaut  ihm zu

und fragt: „Was wird das?“

„Das wird ein  für  !“,

antwortet  geheimnisvoll.

Er bindet zwei  zusammen.

Am nächsten Morgen reitet 

mit  wieder in die  .

 hält einen selbst gebastelten

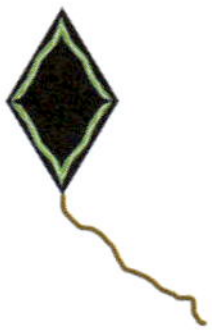 in der  .

Als  und  auf dem

höchsten  angekommen sind,

springt  auf den 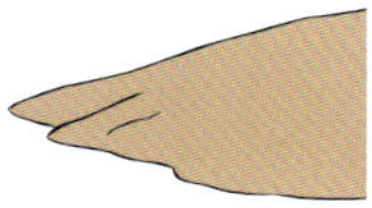 .

Hier oben ist es sehr windig.

 lässt den 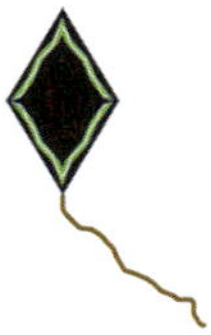 fliegen.

Der 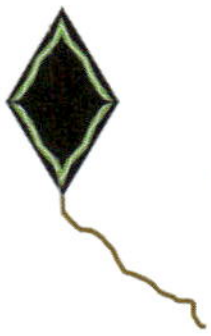 segelt einige Meter,

bevor er wieder auf dem 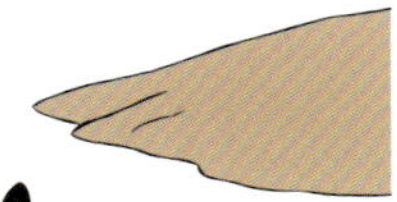 landet.

„Juhu! Es klappt“, ruft .

Dann bindet  ein 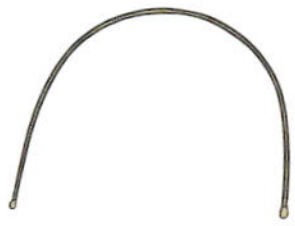 an den 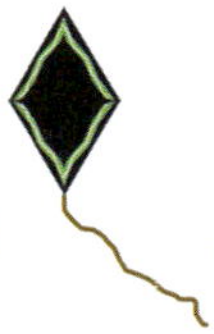.

Jetzt kann  den 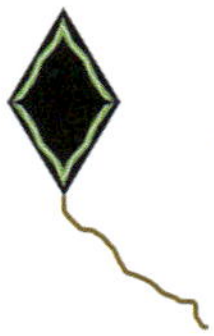 fliegen lassen,

ohne ihn zu verlieren.

Ein seltsamer Vogel

 ist mit der  am .

Die  schleudert 

mit der  einen  zu.

Hungrig greift  nach dem .

Aber der  gleitet ihm weg

und hüpft zurück in den .

„Du bist viel zu langsam“,

sagt die  zu .

„So kannst du keinen  fangen.“

„Du machst dich über mich lustig!

Wenn du mich nicht magst,

lauf ich eben weg“, sagt  beleidigt.

 läuft einfach los. Da entdeckt er

plötzlich etwas am  .

Dort oben fliegt etwas Seltsames.

Schnell läuft  den  hinauf.

Dort stehen  und .

 hat ein  in der 

und lässt den 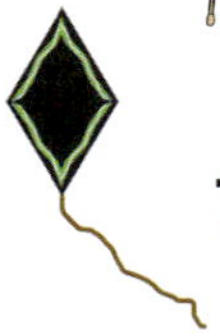 fliegen.

„Was hast du da für ein Ding?“,

fragt  aufgeregt.

„Du kommst gerade recht, .

Den 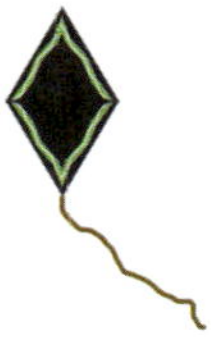 habe ich für dich gebaut“,

antwortet  stolz.

„Er sieht aus wie ein eckiges “,

sagt  und lacht.

 gibt  das 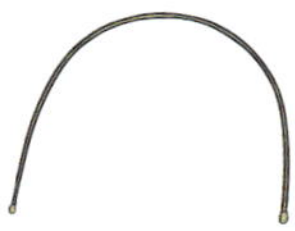 und sagt:

„Jetzt bist du dran, . Halte

den  gut fest!“

 lässt den schönen 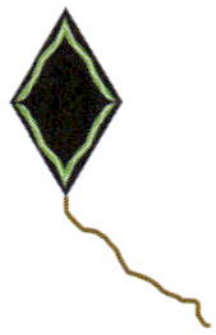

hoch oben am  fliegen.

Der 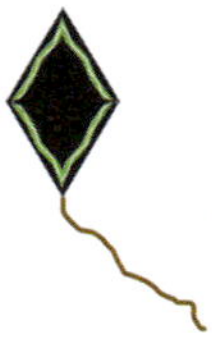 segelt mit den 

zwischen den .

Ein Sturm zieht auf

Doch plötzlich wird es dunkel und

die  ziehen sich zusammen.

„Gleich gibt es einen  !

, hol den 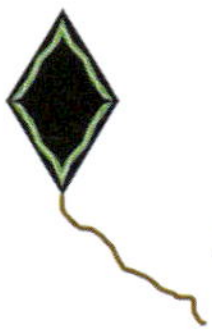 sofort runter“,

ruft  erschrocken.

Aber  ist nicht stark genug.

Der 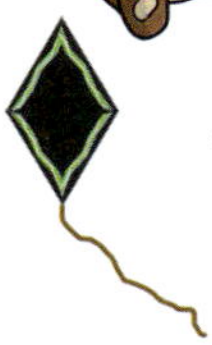 fliegt immer weiter hoch.

„Zieh fester!“, ruft 

und klammert sich an .

Doch es nützt leider nichts.

Der  ist zu kräftig.

 und  werden

mit dem 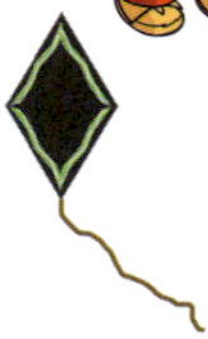 zum 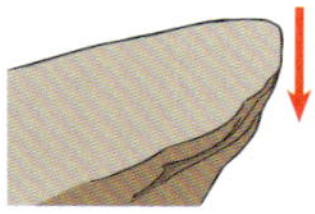 gezogen.

 kann sich nicht länger

an  festhalten.

Er rutscht ab und fällt hin.

„Lass sofort das 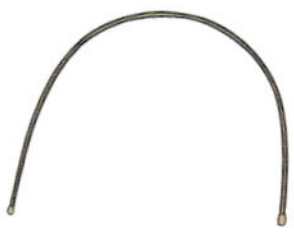 los!“,

ruft er  aufgeregt nach.

„Ich will aber nicht!“, antwortet .

 fliegt mit dem

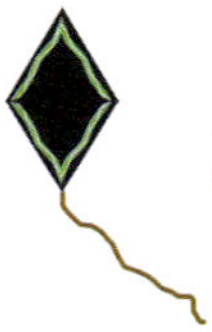 über den tiefen 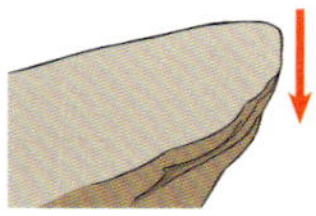.

„Gut festhalten, . Lass nicht los!

Der  wird sich bald legen.

Wir holen dich“, ruft ihm  hinterher.

 fliegt über den  hinweg

hinauf in den .

„Hätte ich  den 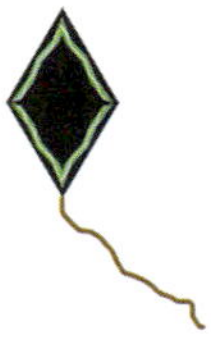

doch nie geschenkt“, sagt 

und schaut  betrübt nach.

„Komm, steig schnell auf.

Wir reiten  hinterher“,

sagt  und galoppiert los.

Wo ist Honigtau?

Schnell galoppiert  auf 

durch den .

Die beiden sehen wie 

sich nur noch mühevoll

am 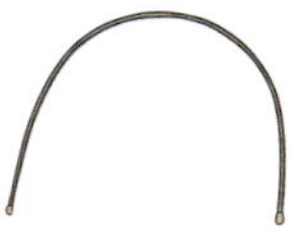 festhalten kann.

„Rette mich, !“, ruft  ängstlich.

„Pass gut auf, wir dürfen 

nicht verlieren“, ruft .

Dabei läuft er so schnell er kann.

Doch plötzlich endet der .

 stoppt im letzten Moment.

Vor ihnen ist ein tiefer 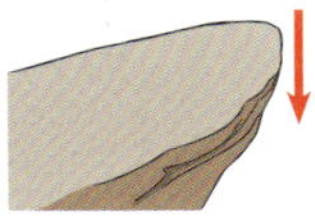.

In dem Moment fällt der 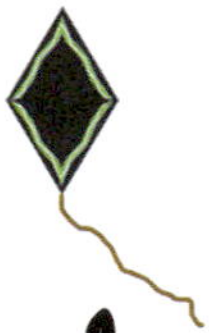 herunter

und landet direkt neben  .

Doch  ist nirgends zu sehen.

„, wo bist du?“, ruft  erschrocken.

„ !  !

Hier bin ich“, ruft ihnen 

von einem 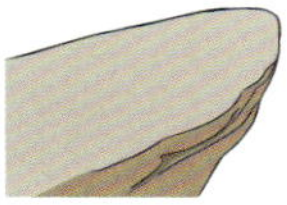 herab zu.

Mit einer  klammert er sich fest und

mit der anderen  winkt er ihnen zu.

„Ich hole dich“, ruft  zurück.

Honigtaus Rettung

 löst das 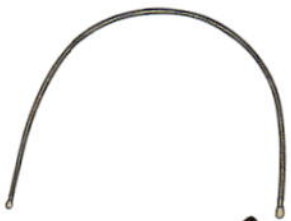 von dem .

Ein Ende wickelt  um einen 

und zieht das 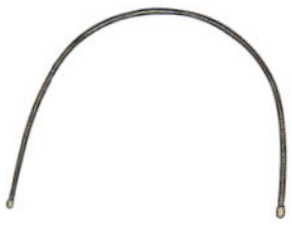 fest.

Das andere Ende schleudert 

kreisförmig über seinem .

„Ich werfe das 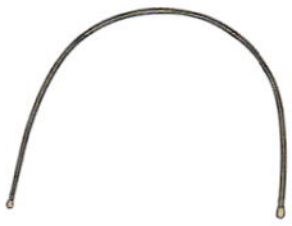 da drüben

um den 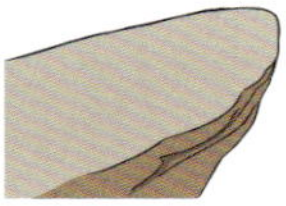 direkt neben dir.

Dann klettere ich hinauf und hole dich!“,

ruft  zu .

 zielt und lässt das 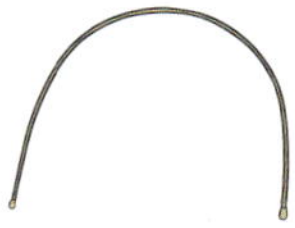 los.

Geschafft! Es hat geklappt.

 hat den 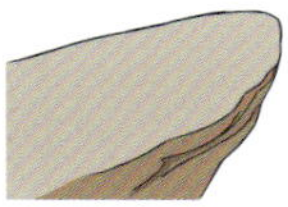 erwischt.

Er spannt das 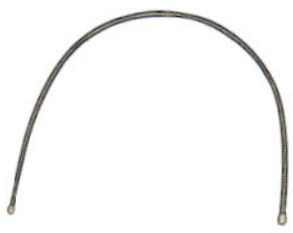 straff und

klettert hinauf zum 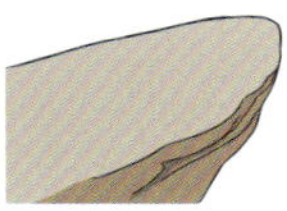.

Als er oben angekommen ist,

reicht er  die  .

„Halt dich fest und

klettere auf meinen  ,

so wie gestern auf  “,

sagt  zu  .

Doch  traut sich nicht und

klammert sich weiter am 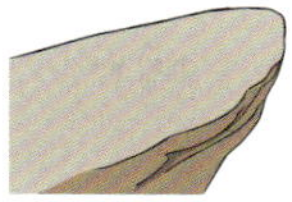 fest.

„Du schaffst das“, sagt  .

Ängstlich und zitternd streckt 

 eine  entgegen.

 nimmt die zitternde  und

zieht  mit festem Griff zu sich.

 lässt den 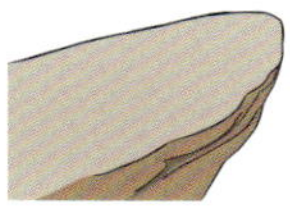 los und

schlingt seine  und 

fest um  .

„Sei ganz vorsichtig,  .

Ich will nicht runterfallen“,

stammelt  ängstlich.

„Mach besser die  zu“,

schlägt  vor.

Dann gleitet er mit  auf dem 

geschickt am Seil hinunter.

 vergisst dabei seine Angst.

Durch die Luft zu gleiten ist richtig toll!

Schnell sind die beiden wieder unten.

Das Versprechen

„Bitte verzeih mir,  .

Es war meine Schuld.

Hätte ich dir den 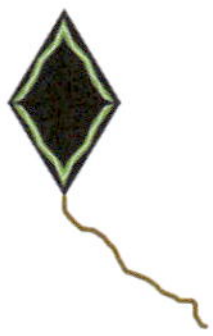

nur nie geschenkt“, sagt  .

„Oh nein. Auch wenn ich Angst hatte,

weiß ich jetzt, wie sich die 

am  fühlen müssen.

Aber ab heute spiele ich

nie wieder  . Versprochen!“,

sagt  und hebt seine .

„Wir bringen dich jetzt zurück.

Die  sorgt sich bestimmt

schon sehr um dich“, sagt  .

 reitet los und  läuft nebenher.

Im  wartet die 

schon auf .

„Mein Schatz! Wo warst du nur?

Ich habe überall nach dir gesucht!“,

sagt die  und stupst 

liebevoll mit der  an.

„Ich habe mich oben

in den Bergen verlaufen.

Aber  und 

haben mich gerettet“, sagt  .

Zum Dank schleckt die 

 schmatzend ab.

Doch  mag das nicht besonders.

Am Fluss

Am nächsten Tag sind alle am .

 schleudert einen 

direkt vor die  der .

„Bravo! Das war sehr gut!

Du kannst jetzt  suchen

und ganz toll  fangen.

Aus dir wird doch noch mal

ein richtiger “,

sagt die  stolz.

Jetzt beugt sich auch  in den

 und greift blitzschnell

nach einem  .

„Sieh mal,  ! Jetzt habe ich auch

einen  gefangen!“, ruft  .

Doch  hört  gar nicht zu.

Er schaut verträumt in den  .

Dort oben fliegen  .

„Ähm!“  räuspert sich laut.

„  , wir sind hier und nicht da oben!“

„Oh! Ich habe dich verstanden“,

sagt  und dreht sich

schnell zu  .

„Wirklich?“, fragt  schmunzelnd.

„Wenn ich in den  schaue,

dann will ich nur sehen,

ob es bald regnet“, sagt  .

 lächelt ihn zufrieden an.

Die Wörter zu den Bildern

Yakari 

Kleiner Donner 

Wald 

Honigtau 

Baum 

Flughörnchen 

Arme 

Boden 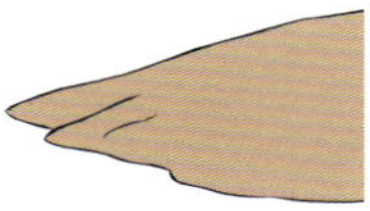

Stein 

Honig 

Bären 

Adler  (viele)

Himmel 

Vogel 

Adler 

Federn 

Wolke 

Berge 

Weg 

Rücken 

Tatzen 

Schultern 

Kopf 

Bärenmutter 

Beine 

Abgrund 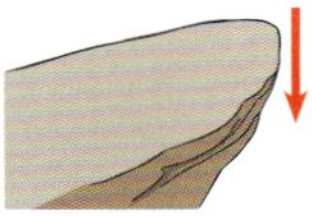

Augen 

Indianerdorf 

Wiese 

Gras 

Ast 

Geschenk 

Äste 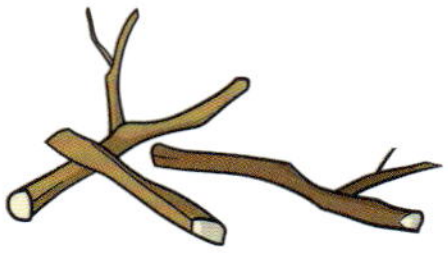

Drachen 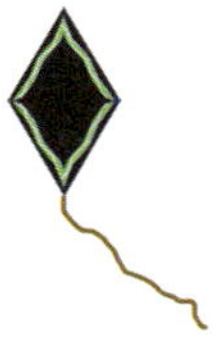

Hand 

Berg 

Seil 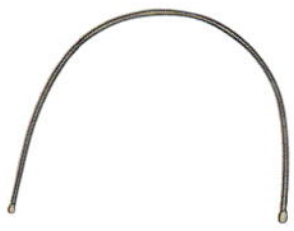

Fluss 

Tatze 

Fisch 

Wolken 

Sturm 

Wind 

Felsen 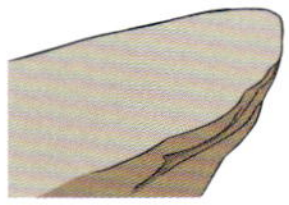

Vögel 

Schnauze 

Fische 

Bär